Linguaggio Del Corpo

Uida Illustrata Per Comprendere La
Comunicazione Non Verbale

(Tecniche Psicologiche Del Linguaggio Del Corpo)

Luigi Sal

Traduzione di Daniel Heath

© Luigi Sal

Todos os direitos reservados

Linguaggio Del Corpo: Uida Illustrata Per Comprendere La Comunicazione Non Verbale (Tecniche Psicologiche Del Linguaggio Del Corpo)

ISBN 978-1-989808-87-0

TERMINI E CONDIZIONI

Nessuna parte di questo libro può essere trasmessa o riprodotta in alcuna forma, inclusa la forma elettronica, la stampa, le fotocopie, la scansione, la registrazione o meccanicamente senza il previo consenso scritto dell'autore. Tutte le informazioni, le idee e le linee guida sono solo a scopo educativo. Anche se l'autore ha cercato di garantire la massima accuratezza dei contenuti, tutti i lettori sono avvisati di seguire le istruzioni a proprio rischio. L'autore di questo libro non potrà essere ritenuto responsabile di eventuali danni accidentali, personali o commerciali causati da un'errata rappresentazione delle informazioni. I lettori sono incoraggiati a cercare l'aiuto di un professionista, quando necessario.

INDICE

Parte 1 1

Introduzione 2

Capitolo 1: 5

Le Basi Del Linguaggio Del Corpo 5

Capitolo 2: Leggere Il Linguaggio Del Corpo 12

Capitolo 3: Capire I Pensieri E Le Emozioni Altrui 18

Capitolo 4: Interpretare Il Linguaggio Del Corpo Altrui 24

Braccia Incrociate 42

Mano Sul Viso 55

Capitolo 5: Usare Il Linguaggio Del Corpo Per Dare Una Buona Impressione Di Sé 67

Capitolo 6: Persuadere E Influenzare In Modo Efficace 72

Capitolo 7: Errori Comuni Nell'interpretare Il Linguaggio Del Corpo 82

Conclusione 87

Parte 2 89

Introduzione 90

Capire Il Linguaggio Del Corpo 93

Che Cos'è Il Linguaggio Del Corpo? 95

Perché Il Linguaggio Del Corpo È Importante? 97

Elementi Della Comunicazione Con Il Linguaggio Del Corpo 99

Espressioni Del Volto 100

Occhi 104

Gesti 106

Postura 108

Voce 110

Aspetto 111

Contatto Fisico 111

Il Linguaggio Del Corpo Nel Business 112

Suggerimenti Sul Linguaggio Del Corpo Nel Lavoro 115

Suggerimenti Sull'uso Del Linguaggio Del Corpo Per Parlare In Pubblico, Tenere Un Discorso E Fare Presentazioni 118

Suggerimenti Sull'uso Del Linguaggio Del Corpo Nei Colloqui Di Lavoro 120

Errori Da Evitare Nell'uso Del Linguaggio Del Corpo 124

Conclusioni 128

Parte 1

Introduzione

Dobbiamo riconoscere che è la comunicazione a mettere in contatto le persone, e nella comunicazione il linguaggio del corpo è importante tanto quanto la parola. La capacità di esprimersi con il linguaggio non verbale e quella di interpretarlo comunicano infatti interesse, permettendo così di stabilire rapporti duraturi.

Il linguaggio non verbale mostra spesso una realtà diversa da quella spiegata con le parole perché, essendo esso inconscio, esprime le reazioni più sincere e i desideri più profondi. Il modo in cui ci si muove, si ascolta o si risponde sono solo degli esempi di linguaggio del corpo che, con i suoi segnali, può aumentare la fiducia degli altri, consolidando il rapporto, o viceversa creare confusione e diffidenza.

Il linguaggio del corpo può fungere da conferma, contraddizione o sostituzione alla parola. Quando si parla di "linguaggio del corpo" si intendono le espressioni facciali, il contatto visivo, i movimenti del corpo, i gesti, la postura e il contatto fisico. Con la faccia si può esprimere felicità, tristezza, paura, rabbia o disgusto senza proferire parola, ma risultando chiari in ogni parte del mondo. Il contatto visivo può essere indice sia di affetto che di ostilità. I movimenti del corpo come sedersi, camminare o alzarsi; i gesti come un cenno con la mano o l'indice puntato; il portamento, così come i movimenti appena accennati, possono esprimere molto. Le strette di mano, gli abbracci, le pacche sulle spalle e altre forme di contatto fisico riescono a comunicare più di quanto le parole siano in grado di fare.

Anche il tono di voce fa parte della comunicazione non verbale. Cosa si dice non è più importante del modo in cui lo si dice. Non dimentichiamo che gli ascoltatori fanno attenzione al volume della voce del parlante, al tono che utilizza e alla velocità con cui parla. Basti pensare che con un semplice "eh", a seconda della situazione, si può esprimere assenso, collera o sarcasmo.

Dobbiamo quindi essere capaci di padroneggiare perfettamente il linguaggio del corpo. Questo libro, facendoti acquisire famigliarità col linguaggio non verbale, ti permetterà di dare una buona impressione di te consigliandoti la gestualità più adeguata, e di capire gli altri semplicemente osservando il loro corpo.

Capitolo 1:

Le basi del linguaggio del corpo

"Il corpo umano è la migliore immagine dell'anima umana"
- Ludwig Wittgenstein

Sin dalla notte dei tempi le persone hanno sempre trovato il modo di comunicare i loro bisogni, sentimenti, desideri e paure. Si può comunicare in due modi: col linguaggio verbale e col linguaggio non verbale. Il linguaggio del corpo permette di accantonare le parole, dando quindi la possibilità di esprimersi con i gesti, le espressioni facciali, le reazioni corporee, con i cambiamenti fisiologici e quelli di tono. Il linguaggio del corpo è quindi una parte fondamentale della comunicazione umana, ed è ora possibile trovarlo anche per iscritto grazie alla diffusione delle emoticon.

Il corpo è in grado di comunicare i pensieri, le percezioni e i bisogni che le parole non riescono ad esprimere chiaramente. Per esempio, una faccia shoccata, una bocca spalancata o un corpo impietrito possono esprimere paura o sorpresa. Siamo in grado di dire se qualcuno sta mangiando qualcosa di amaro o percependo un pessimo odore semplicemente osservando la sua faccia. Il corpo reagisce immediatamente, soprattutto nel caso in cui si presenti una minaccia.

Possiamo capire se una persona è allegra o triste, se si sente a suo agio o no, se è arrabbiata o serena soltanto osservando la sua postura, le sue reazioni facciali e i suoi movimenti. Il linguaggio del corpo è solitamente rapido, sincero e capace di veicolare messaggi efficacemente. Il corpo umano è progettato per reagire agli stimoli, manifestandoli, e allo stesso modo il cervello è progettato per percepire e capire il linguaggio del corpo altrui.

Ad esempio, è facile capire se la persona con cui si sta parlando è di fretta o vuole andarsene immediatamente da quel determinato contesto semplicemente osservando il modo in cui il suo corpo si allontana, o indica la direzione che vuole prendere. Si è quindi in grado di dedurre il bisogno dell'interlocutore di porre finealla conversazione e di andarsene senza la necessità di ricorrere alle parole. È come se il suo corpo stesse mandando un telegramma al cervello del parlante comunicandogli le sue reali intenzioni. Generalmente, il linguaggio del corpo è persino più accurato della comunicazione verbale.

La scienza del linguaggio del corpo

Il sistema limbico del cervello umano è progettato per processare pensieri, emozioni, intenzioni e bisogni in tempo reale. Mentre in alcuni casi il linguaggio verbale potrebbe essere mirato al raggiungimento di uno scopo, il corpo di solito mostra immediatamente le proprie percezioni. Alcuni esempi sono:

- Comprimere le labbra quando si ascolta una notizia triste o preoccupante
- Serrare le mascelle e stringere i pugni quando si è arrabbiati o turbati
- Massaggiare la nuca o portare una mano sul viso quando si è stressati o confusi
- Inarcare le sopracciglia quando si è dubbiosi o emozionati
- Abbassare il mento quando si è a disagio o scoraggiati

Il linguaggio del corpo è universale. Indipendentemente dalla loro provenienza, età o sesso, le persone esprimono certi bisogni, pensieri ed emozioni nello stesso modo. Gli umani sono animali sociali e pertanto troveranno sempre un modo per comunicare: è una caratteristica innata. Il cervello limbico capisce e reagisce ai segnali non verbali che percepisce, esprimendo i reali sentimenti.

L'importanza di capire il linguaggio del corpo altrui

Dato che è appurato che il linguaggio del corpo mostri i pensieri e i sentimenti con genuinità, è essenziale esaminare e comprendere cosa significhino i diversi movimenti del corpo. Ciò risulterà particolarmente utile per capire i famigliari, gli amici, i conoscenti, ma anche (potenziali) colleghi e datori di lavoro. Comprendendo i comportamenti meno percettibili, sarai in grado di identificare potenziali problemi prima ancora che qualcuno te ne parli.

Il detto "le azioni parlano più forte delle parole" è vero, considerando che le persone possono comunicare anche senza dire una parola, per esempio scrollare le spalle può significare disinteresse o dubbio. Si può inoltre rafforzare ciò che si sta dicendo tramite espressioni facciali e gesti; un abbraccio lungo e stretto aggiunge più valore a un "puoi contare su di me".

Nei prossimi capitoli, scoprirai il sorprendente potere del linguaggio del corpo. Imparerai a esprimerti in modo più efficace attraverso la comunicazione non verbale e a comprenderla, riuscendo così a valutare le situazioni e portarle a tuo vantaggio.

Capitolo 2: Leggere il linguaggio del corpo

"Le tue azioni parlano così forte che non riesco a sentire quello che dici"
- Ralph Waldo Emerson

Il linguaggio del corpo può essere molto discreto, ma riesce ad esprimere con forza i pensieri, le emozioni e i desideri. È importante imparare come esprimersi attraverso il proprio corpo e allo stesso tempo a riconoscere le reazioni corporee delle persone con le quali ci si sta relazionando.

Ecco alcune cose da notare:

1. Postura

La postura del soggetto è lo specchio della sua sicurezza e del sentirsi a suo agio in una determinata situazione. La cosiddetta "power pose", infatti, non è solo una semplice postura, ma anche un modo per aumentare la sicurezza in se stessi e per sostenere la propria autorevolezza in situazioni sociali, come un colloquio di lavoro, un incontro d'affari, o mentre ci si presenta a delle persone nuove.

2. Contatto visivo

Innanzitutto, non si deve dimenticare che c'è una differenza tra il fissare qualcuno e lo stabilire un contatto visivo. Fissare può comportare la violazione dello spazio personale dell'interlocutore, e fissarlo troppo a lungo lo potrà far sentire minacciato. Stabilire un contatto visivo, invece, può simboleggiare l'interesse in ciò che l'altra persona sta dicendo e che la si sta ascoltando con attenzione. Nel caso in cui si crei un contatto visivo con uno sconosciuto, questo può essere percepito come un tentativo di flirt, e perciò, se non si è interessati, basta distogliere lo sguardo. Guardare fisso negli occhi può invece simboleggiare amore o attrazione.

3. Avvicinamento

Quando una persona si avvicina ad un'altra, invadendone lo spazio personale, quest'ultima potrà avere una reazione positiva oppure negativa, a seconda del contesto. Tra persone che si conoscono la vicinanza può rafforzare l'amore e l'affetto, mentre tra sconosciuti può invece far scaturire paura, rabbia, disagio o irritazione.

4. Contatto fisico

Un contatto fisico non invadente e senza malizia provoca solitamente una reazione positiva da parte dell'interlocutore. Poggiare la mano sul braccio o sulla sua spalla, per esempio, può essere simbolo del sostegno verso l'interlocutore e della fiducia che si ripone in lui.

5. Sorriso

Il sorriso è un linguaggio universale. Non solo suscita una reazione positiva, ma porterà anche gioia con sé. Se vuoi emanare energie positive e far capire alle persone che sei aperto al dialogo, il sorriso è la chiave.

Capitolo 3: Capire i pensieri e le emozioni altrui

"Nella comunicazione la cosa più importante è sentire ciò che non viene detto"
- *Peter F. Drucker*

Migliorare le tue competenze comunicative verbali e non verbali ti sarà utile sia dal punto di vista personale che da quello professionale. Ciò non significa semplicemente padroneggiare il linguaggio del tuo corpo, ma anche percepire e comprendere ciò che gli altri ti stanno comunicando con il loro. Quando riuscirai a interpretare il linguaggio del corpo altrui, sarai in grado di comprendere molto più di quanto venga espresso con le parole.

Diventando esperto nel riconoscere le emozioni e i pensieri altrui, riuscirai a leggere tra le righe, avendo così la possibilità di fare la scelta giusta in varie situazioni. Ecco alcuni esempi:

1. Capire le emozioni che stanno provando gli altri

Qualcuno potrebbe dirti di essere felice pur avendo le spalle curve e il sorriso tirato, qualcun altro potrebbe dirti che è d'accordo con ciò che hai proposto distogliendo lo sguardo o lasciandosi scappare un sospiro. Ricorda che le azioni parlano più sinceramente delle parole, che spesso mentono, e riuscire a capire cosa si nasconde dietro una frase ti porterà dei vantaggi nelle relazioni. Potrà esserti utile sapere se:

Devi parlare con l'altra persona riguardo ciò che la sta infastidendo, cosicché tu possa aiutarla

L'altra persona ha bisogno di stare da sola, e in tal caso non puoi fare altro che rispettare i suoi spazi

Stai chiedendo a qualcuno di fare qualcosa che non vuole realmente fare

2. Capire se l'altra persona sta mentendo

Osservare attentamente il linguaggio del corpo di qualcuno ti aiuterà a comprendere le sue emozioni e i suoi pensieri, riuscendo quindi a capire se sta dicendo la verità oppure no. Un buon metodo per scoprire se qualcuno sta mentendo consiste nel creare un contatto visivo: una persona che non riesce a sostenere lo sguardo sta generalmente dicendo una bugia, o nascondendo qualcosa. Qualcuno quando mente balbetta, cambia il tono o si schiarisce la voce; qualcun altro dondola su se stesso, come se dovesse spostare il peso da una parte all'altra, o batte i piedi; altri ancora arrossiscono o si portano una mano sul viso.

3. Nei colloqui di lavoro

Spesso chi recluta personale non si occupa solo di ascoltare le risposte date dai candidati, ma anche di osservare se, ad esempio, il loro corpo trasmette sicurezza o arroganza. Un candidato potrebbe parlare a lungo dei suoi successi e delle sue abilità, ma il suo corpo potrebbe dire il contrario. Spesso i datori di lavoro sono alla ricerca di chi non è capace di esprimere sicurezza solo con le parole, ma anche attraverso il linguaggio del corpo. Guardando il colloquio da un'altra prospettiva, se sei tu il candidato e noti che l'esaminatore sta alzando o aggrottando le sopracciglia, dovresti sapere che non sta capendo ciò che dici, oppure non ti crede, e dovresti riformulare la frase o spiegarti meglio.

4. Nelle conversazioni

La necessità di capire le emozioni e i pensieri degli altri si fa più forte quando stai interagendo con loro; in particolar modo quando vuoi sapere se sono davvero interessati a ciò che stai dicendo, se devi spiegarti meglio, se devi attirare la loro attenzione o se qualcuno si sta approfittando di te.

Se qualcuno protende la testa in avanti mentre stai parlando, è un chiaro segnale del suo interesse in ciò che stai dicendo.

Se qualcuno guarda ovunque eccetto che te, oppure è proteso all'indietro, è annoiato, o disinteressato a ciò che stai dicendo.

Se qualcuno è proteso in avanti, ma molto vicino a te, potrebbe significare che ti sta persuadendo ad ascoltarlo.

Se vuoi far sapere all'interlocutore che hai intenzione di prendere la parola il prima possibile, basta guardarlo negli occhi.

5. Altre situazioni

Portarsi la mano sul petto è un segnale di sincerità.
Strofinarsi il naso è segnale di non gradimento.
Sollevare lo sguardo prima di parlare significa che si sta cercando di ricordare qualcosa di importante.
Guardare qualcuno da sopra gli occhiali potrebbe significare che lo si sta scrutando.

Quando capirai come interpretare il linguaggio del corpo degli altri, assumerai una posizione di vantaggio. Sarai capace di consolidare le tue relazioni e di farle durare nel tempo, sarai in grado di scoprire se qualcuno ti sta mentendo e diventerai un abile comunicatore. E tutto ciò non potrà fare altro che aumentare la tua autostima.

Capitolo 4: Interpretare il linguaggio del corpo altrui

"Entra in contatto con le emozioni di chi hai al fianco.
Le emozioni sono composte per il 55% dal linguaggio del corpo, per il 38% dal tono di voce e solo per il 7% dalle parole."
- Eden Shapoura

Alcune persone hanno un sesto senso per la comunicazione non verbale e riescono a interpretare i movimenti con il solo intuito; chi non ha questa fortuna deve inveceimparare a farlo, migliorandosi giorno dopo giorno. Riconoscere che ogni parte del corpo sia in grado di esprimere qualcosa è un buon inizio.

A seguire troverai una lista dei segnali corporei più comuni accompagnati dai rispettivi significati. Riuscirai così a capire quanto il tuo interlocutore sia sincero, anche se, ovviamente, dovrai valutare a seconda del contesto. Non si possono quindi paragonare le emozioni di una persona che è triste o a disagio a una festa a quelle di una che lo è in una sala d'attesa di un ospedale. Le due persone in questione si trovano infatti in una situazione totalmente diversa, e pertanto anche tu dovrai comportarti diversamente.Mentre puoi avvicinarti alla prima chiedendole se va tutto bene, non puoi fare lo stesso con la seconda, in quanto le motivazioni del suo disagio risultano chiare semplicemente rapportandole al contesto in cui si trova.

Devi però tener presente che il linguaggio del corpo, anche se ti darà un prezioso aiuto nell'interpretare le emozioni, i pensieri e i bisogni più nascosti delle persone, non è una scienza esatta. Pertanto sarà utile ricordare che non è possibile comprendere a pieno la situazione analizzando un singolo comportamento corporeo.

Labbra:

Le labbra mandano alcuni dei segnali corporei più facili da interpretare. Alcune espressioni facciali sono uguali in tutto il mondo e fin da bambini si impara ad utilizzarle per esprimersi in modo adeguato. Qui sotto troverai delle espressioni facciali a cui prestare attenzione per farti un'idea riguardo ciò che sta pensando o provando il tuo interlocutore:

- Sorriso falso.

Un sorriso vero, genuino, non coinvolge solo la bocca, ma anche gli occhi. Se noti che, mentre qualcuno sorride, le sue palpebre e le sue sopracciglia non si muovono e la suafaccia non è rivolta all'insù, probabilmente sei di fronte a un sorriso falso.

- Labbra serrate

Indicano generalmente un disagio, oppure l'intenzione di non dire tutta la verità.

Gesti delle mani

- **Palmo della mano rivolto verso l'alto -** Il palmo della mano rivolto verso l'alto (figura a sinistra) evoca il gesto imploratore dei mendicanti; è visto come un gesto di tolleranza e inoffensività. Se, tenendo il palmo della mano rivolto verso l'alto si chiede a una persona di spostare una scatola, quella non si sentirà sotto pressione e, nel caso in cui sia un capo a chiederlo a un dipendente, quest'ultimo non si sentirà intimorito dalla richiesta.

- **Palmo della mano rivolto verso il basso** –quando il palmo della mano è rivolto verso il basso (figura al centro) si dà l'impressione di essere una persona autoritaria. In caso si chieda a una persona di spostare una scatola mentre si tiene il palmo rivolto verso il basso, questa percepirà la richiesta come un ordine, e potrebbe sviluppare dell'astio. Nel caso in cui la richiesta venga avanzata col palmo rivolto verso il basso da un collega che gode dello stesso status, la persona in questionepotrebbe rifiutarsi di spostare la scatola, mentre invece avrebbe accettato di farlo se la richiesta fosse stata fatta col palmo girato.

- **Palmo rivolto verso il basso e dito puntato** –il palmo chiuso a formare un pugno con il dito puntato (figura a destra) simboleggia il bastone col quale il parlante picchia figurativamente l'ascoltatore fino a sottometterlo. Puntare il dito è uno dei gesti più irritanti che si possano fare mentre si parla, in particolar modo se agitato a ritmo delle parole. Se hai notato di puntare spesso il dito, prova a esercitarti a tenere il palmo rivolto verso l'alto, oppure verso il basso, e noterai che il tuo approccio sarà più disinvolto e che gli altri avranno un atteggiamento più positivo nei tuoi confronti

Mani e braccia

Imparare a riconoscere i movimenti delle braccia e delle mani ti sarà molto utile. Osservando se e quanto sono piegate, la velocità con cui si muovono e quanto spazio occupano riuscirai a capire molte cose.

I movimenti che si oppongono alla forza di gravità sono in linea di massima positivi. Chi è allegro o emozionato alza il mento, muove le braccia o le gambe verso l'alto, o addirittura saltella. Puoi notare che le persone più sicure di sé lasciano dondolare le braccia mentre camminano. Le persone entusiaste tendono invece a far ondeggiare le braccia sopra la testa o a fare rapidi movimenti con le mani mentre parlano

Chi non ha fiducia in se stesso, oppure è a disagio, tende a limitare i movimenti di mani e braccia, mentre chi è deluso o triste, invece, curva le spalle tenendo le braccia distese lungo i fianchi.

Strofinare i palmi delle mani:

Strofinandosi i palmi delle mani si comunica che si stanno nutrendo delle grandi aspettative.

Mani intrecciate:

Una ricerca condotta da Nierenberg e Calero sulle mani intrecciate ha dimostrato che è un gesto di frustrazione, che segnala che la persona sta trattenendo delle emozioni negative. Il gesto ha tre posizioni principali.

- Sarà più difficile trattare con chi tiene le mani intrecciate in alto (foto 1) rispetto a chi, intrecciandole, le appoggia sulla scrivania (foto 2). Per diffondere un atteggiamento più positivo, si deve agire cercando di far esporre all'interlocutore il palmo della mano e la parte frontale del corpo, come con tutti gli altri gesti negativi.

Mani a guglia:

Chi si sente superiore e sicuro di sé, o chi gesticola poco, tende spesso ad assumere questa posizione e, così facendo, rende nota la sua fiducia in se stesso. È un gesto che viene spesso fatto dai superiori in ambito lavorativo e denota un modo di fare da sapientone. I manager assumono spesso questa posizione quando danno istruzioni o consigli ai loro dipendenti, ma è particolarmente frequente anche tra i commercialisti e gli avvocati. Il gesto ha due varianti:

- **Mani a guglia verso l'alto** –La posizione ritratta nella prima foto viene solitamente assunta mentre si parla delle proprie opinioni e idee.

- **Mani a guglia verso il basso** – Si tratta della posizione ritratta nella seconda foto. Formando una guglia verso il basso si dimostra che si sta ascoltando l'interlocutore.

Mani dietro la schiena

Le mani dietro la schiena hanno un diverso significato a seconda che si stringa la mano, il braccio o il polso.

- **Una mano stringe l'altra** –Molti membri della famiglia reale inglese sono noti per la loro abitudine di camminare a testa alta, con il mento rivolto verso l'alto e le mani incrociate dietro la schiena, come nella figura a sinistra. Questa posizione, ovviamente, non viene assunta solo tra i reali, ma è comune anche tra le forze dell'ordine mentre pattugliano le strade, tra i presidi mentre camminano nei cortili delle scuole, tra i militari di rango elevato e tra altri che hanno una posizione di potere.

- **Una mano stringe il polso** – È un segnale di frustrazione che indica il tentativo di mantenere il controllo. In questa posizione una mano stringe il polso o l'avambraccio (vedi figura al centro) come se dovesse prevenire un'aggressione.

- **Una mano stringe il braccio** – Più in alto si stringe il braccio, più si dimostra di essere arrabbiati. Stringendo il braccio (figura a destra), il tentativo di autocontrollo è maggiore in quanto non è solo il polso a venir bloccato ma, appunto, tutto il braccio.

Pollici in mostra

Mostrare i pollici, secondo il linguaggio non verbale, denotaforza di carattere ed ego del soggetto, che si mette in una posizione di dominanza e superiorità, talvolta anche in modo aggressivo. I segnali compiuti con i pollici vengono definiti "gesti secondari" perché sono parti di un più grande insieme di gesti, pertanto non possono essere analizzati senza prendere in considerazione il contesto nella sua totalità. Mostrare i pollici è comunque però un segnale positivo, che viene spesso fatto dai manager di successo in presenza dei loro dipendenti.

- **Uomo dominante** –Le braccia sono incrociate e i pollici puntano verso l'alto. È un doppio segnale che indica un atteggiamento negativo, sulla difensiva, come suggerito dalle braccia conserte, ma anche di superiorità, come indicano i pollici. Chi assume questa posizione è solito gesticolare con i pollici e ondeggiare spostando il peso in avanti e indietro quando si trova in posizione eretta.

- **Donna dominante** –I movimenti femministi hanno permesso alle donne anche di poter adottare molti gesti e posizioni tipicamente maschili. Le donne che mostrano spesso il pollice spostano frequentemente il peso in avanti, quasi a stare sulle punte, per dare l'impressione di essere più alte

Braccia incrociate
Braccia incrociate all'altezza del petto

È il classico modo di incrociare le braccia, e in quasi ogni parte del mondo ha lo stesso significato: chiusura. Ad assumere questa posizione è generalmente chi si trova tra degli sconosciuti ad incontri pubblici, in fila, nei bar, negli ascensori o in qualsiasi altro posto in cui ci si sente indecisi o insicuri.

Presa delle braccia

- **Chi si sente superiore** tende a mostrare la sua sicurezzanon incrociando le braccia in presenza di persone appena conosciute, ma spesso si ritrova a fare un gesto simile, incrocia cioè le braccia tenendo i pollici puntati verso l'alto.
- Con questa variante delle braccia incrociate, il soggetto vuole mostrarsi più spigliato e sicuro di sé.

Incrocio parziale delle braccia

Spesso si evita di incrociare le braccia in presenza di altri perché dà subito l'idea di essere impauriti. Spesso quindi si ricorre a un gesto più discreto: l'incrocio parziale delle braccia, dove un braccio viene lasciato morbido lungo il corpo mentre l'altro lo tocca, o stringe, andando a formare una barriera.

- Questa posizione viene frequentemente assunta da persone insicure, o da persone che si trovano in un gruppo di cui non fanno parte. Un'altra versione molto frequente dell'incrocio parziale delle braccia prevede che sia una mano a stringere l'altra, un gesto che viene visto soprattutto quando si sta per ricevere un premio o tenere un discorso di fronte a un pubblico.

Gesti con cui si camuffa l'incrocio delle braccia

- Si tratta di gesti estremamente sofisticati che vengono fatti da chi si trova spesso di fronte a un pubblico. Questo gruppo include i politici, i venditori, le personalità televisive e chiunque non voglia mostrarsi insicuro o nervoso.

Spalle, petto e pancia

L'istinto spinge a proteggere il torso in situazioni in cui ci si sente a disagio o minacciati, e a renderlo vulnerabile solo quando ci si sente al sicuro e aperti nei confronti degli altri. Imparando a riconoscere i pensieri e le emozioni altrui attraverso il linguaggio non verbale, facendo attenzione anche al busto, potrai capire se il tuo interlocutore si sta aprendo nei tuoi confronti o se sta cercando di mantenere le distanze. Per esempio, se mentre stai parlando con una persona, quella ruota leggermente il corpo nella direzione opposta a te, è un chiaro segnale che non le piaci, oppure che si sta proteggendo da te; al contrario, chi ti apprezza tende a protendersi verso di te non nascondendo il torso.

Gambe

Gli studi hanno dimostrato che il miglior modo per capire se una persona sta dicendo la verità è osservarle gambe e piedi. Molte persone, infatti, sono brave a fingere controllando le espressioni facciali, ma non sono consapevoli che le gambe e i piedi riescono a esprimere moltissimo. Il funzionamento è circa quello del torso: quando le gambe, o i piedi, sono rivolti nella direzione dell'interlocutore, è un segno di gradimento. Viceversa, quando i piedi e una gamba puntano verso un'altra direzione, si rende noto il desiderio di allontanarsi. Incrociare una gamba in posizione eretta, invece, vuole dire che non si ha intenzione di andarsene.

Accavallamento delle gambe all'altezza del ginocchio

- una gamba viene incrociata sopra l'altra, generalmente la destra sopra la sinistra. Questa è la classica posizione che assumono gli europei, i britannici, gli australiani e i neozelandesi quando incrociano le gambe, e si collega a un atteggiamento nervoso, riservato, o sulla difensiva.
- **Per esempio,** si tende ad assumere questa posizione quando si assiste a lezioni o conferenze, o quando si sta seduti per molto tempo su sedie scomode.

- Quando non sono solo le gambe ad essere incrociate, ma anche le braccia, è la dimostrazione che la persona si è estraniata dalla conversazione.

Posizione del quattro americano

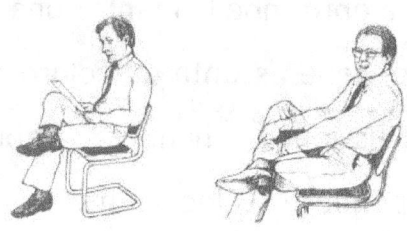

- Questo accavallamento della gamba è indice di un'attitudine ad essere polemici o competitivi.La posizione viene assunta da molti maschi americani che sono polemici di natura, e ciò rende difficile interpretare i loro pensieri nel corso della conversazione; molto più facile diventa invece quando ad incrociare le gambe in questa maniera è, ad esempio, un britannico.

- Una variante della posizione del quattro americano prevede che la gamba accavallata venga stretta da una o da entrambe le mani. È una posizione che viene assunta da coloro che, nelle discussioni, hanno l'abilità di rispondere velocemente e in modo brusco; si parla quindi di persone ostinate e testarde, che potrebbero necessitare di un approccio particolare per farle aprire.

In piedi con le gambe incrociate

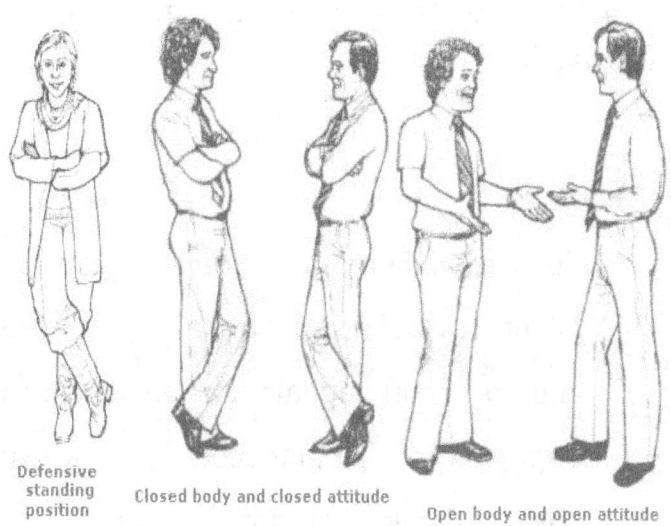

Defensive standing position
Closed body and closed attitude
Open body and open attitude

la prima figura rappresenta una posizione sulla difensiva.

Nella seconda e nella terza immagine, i due interlocutori, "chiudendo" il loro corpo, dimostrano di essere chiuso l'uno nei confronti dell'altro.

Nelle ultime due immagini, invece, "aprendo" il loro corpo, i due interlocutori sono aperti l'uno nei confronti dell'altro.

Incrocio delle gambe ad altezza della caviglia

- Nella versione maschile dell'accavallamento delle gambe all'altezza della caviglia, la posizione è spesso accompagnata dai pugni chiusi appoggiati sulle ginocchia o da mani che stringono i braccioli della sedia.
- La versione femminile della posizione è leggermente diversa. Essa prevede che le ginocchia si tocchino e le braccia stiano vicine oppure l'una sopra l'altra, appoggiate sulla gamba.

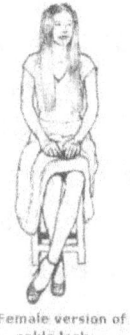

Male version of ankle lock

Female version of ankle lock

Occhi

Come già detto, stabilire un contatto visivo è un segnale di interesse, mentre distogliere lo sguardo è indice di noia o disinteresse. Si deve però ricordare che il contatto visivo dipende anche dalla cultura. In America Latina e in Africa, ad esempio, come forma di rispetto, i giovani sono tenuti a non guardare negli occhi gli anziani, mostrando così la loro riverenza.

Le persone sono però tutte diverse, pertanto si esprimono anche in modo diverso. Per esempio, quando a incurvare le spalle è una persona sicura di sé, è facile interpretare il suo gesto come sintomo di delusione o tristezza; quando a farlo è una persona timida, invece, potrebbe essere solo un segnale della sua introversione. Non basta quindi conoscere il linguaggio del corpo per poter interpretare correttamente i segnali corporei di qualcuno, ma bisogna anche conoscere il carattere della persona. L'interpretazione del linguaggio del corpo si basa infatti su comportamenti che si hanno in situazioni ordinarie, ma che non sembrano né ordinari né confortevoli. Dopotutto il tuo obiettivo non è certo quello di diventare un medium, ma quello di imparare il linguaggio del corpo e riuscire ad interpretarlo, per poter così migliorare le tue relazioni sociali.

Mano sul viso

- Coprirsi la bocca con la mano è uno di quei gesti che, diventando adulti, non cambiano. La mano copre la bocca e il pollice preme sulla guancia come a soffocare inconsciamente le falsità che si stanno dicendo. Questo gesto ha anche delle varianti: una prevede che siano solo alcune dita a coprire la bocca, mentre l'altra che si appoggi tutto il pugno sopra la bocca.
- Molti cercano di camuffare il gesto fingendo un colpetto di tosse. Chi

assume questa posizione mentre sta parlando sta dicendo una menzogna, chi la assume mentre sta ascoltando, invece, crede che il suo interlocutore stia mentendo.

Toccare il naso e sfregare l'occhio

The nose touch — The eye rub

- **Toccarsi il naso** – è una versione più sofisticata e discreta del gesto di coprirsi la bocca. Può consistere in tanti piccoli tocchi della parte inferiore del naso oppure in un solo rapido tocco, a volte quasi impercettibile. Come nel gesto sopra citato, a toccarsi il naso può essere sia il parlante mentre sta mentendo, che l'ascoltatore quando percepisce che il suo interlocutore sta dicendo una menzogna.

- **Sfregarsi l'occhio** –come una delle tre scimmiette, che non vede il male, questo gesto indica il tentativo di allontanare gli inganni, i dubbi o le menzogne, oppure semplicemente di non guardare in faccia l'interlocutore mentre si è coscienti che stia mentendo. Gli uomini sono soliti sfregare vigorosamente gli occhi e, se la bugia è davvero grande, guardano spesso altrove, soprattutto verso il basso. Le donne invece si toccano sotto l'occhio in modo molto più discreto e delicato; forse perché sono state educate a non fare gesti molto visibili, o forse semplicemente per evitare che il trucco si rovini. A differenza degli uomini, le donne sono solite interrompere il contatto visivo con l'interlocutore dirigendo il loro sguardo verso l'alto.

Sfregarsi l'orecchio e grattarsi il collo

- **Sfregarsi l'orecchio** è un tentativo dell'ascoltatore di "non sentire il male" cercando così di portare la mano attorno o sopra l'orecchio. È la versione adulta, e più discreta, del gesto che fanno i bambini di coprirsi entrambe le orecchie con le mani quando non vogliono ascoltare i rimproveri dei genitori. Altre varianti del gesto prevedono lo sfregare della parte posteriore dell'orecchio, l'inserimento delle punte delle dita nell'orecchio, il tirare il lobo o il piegamento dell'intero orecchio fino a coprire la cavità. L'ultimo gesto segnala che il soggetto ha già ascoltato abbastanza o che ha voglia di parlare.

- **Grattarsi il collo** –L'indice della mano con la quale si scrive strofina la parte inferiore al lobo o il lato del collo. Osservando questo gesto, abbiamo scoperto qualcosa di molto interessante: le persone si grattano il collo per cinque volte; solo raramente di più o di meno. Sfregarsi il collo mostra un dubbio o un'incertezza, si compie questo gesto quando si dice ad esempio "non credo di essere d'accordo", ma è stato riscontrato che il gesto è molto frequente anche quando con le parole si afferma il contrario, ad esempio quando si dice "capisco come ti senti".

Tirarsi il colletto e mettersi le dita in bocca

- **Tirarsi il colletto** è un gesto che si fa quando ci si sente arrabbiati, frustrati, o nervosi e si sente il bisogno di tirare il colletto per cercare di rinfrescarsi. Quando vedi qualcuno compiere questo gesto, delle domande come "potresti ripetere, per favore?", o "mi spiegheresti meglio quella parte, per favore?" potrebbero bloccare l'inganno sul nascere.

- **Mettersi le dita in bocca**, come spiega Morris, è un gesto che si può notare quando il soggetto è sotto pressione. A differenza di tutti gli altri gesti in cui è coinvolta la bocca, che indicano menzogne o inganni, mettere le dita in bocca è una manifestazione del bisogno di rassicurazione che si sta cercando di celare. Quando vedi qualcuno compiere questo gesto, quindi, la cosa migliore che puoi fare è dargli certezze e cercare di rassicurarlo.

Boredom Gesture   Interested, Evaluation Gesture

Gesti che coinvolgono le guance

- **Gesto di noia** –(figura a sinistra) quando l'ascoltatore inizia ad utilizzare la sua mano come appoggio per la testa è un segnale che sta iniziando ad annoiarsi, e sorreggersi il capo è un modo per evitare di addormentarsi. Quando la testa è completamente sorretta dalla mano si manifesta un estremo disinteresse e una gran noia.

- **Gesto di interesse** – (figura a destra) la mano che si poggia delicatamente sulla guancia è un segnale di interesse che viene spesso compiuto tenendo l'indice in alto. Se il soggetto dovesse iniziare a perdere interesse ma volesse continuare a mostrarsi interessato, la posizione cambierà leggermente e la testa scivolerà fino alla parte inferiore del palmo.
- **Gesto di estremo interesse** è quando la mano poggia sulla guancia senza fungere da supporto per la testa.

Gesti che coinvolgono il mento

- Quando l'indice è rivolto verso l'alto e il pollice supporta il mento (figura a sinistra), l'ascoltatore sta formulando dei pensieri negativi o critici nei confronti dell'interlocutore o ciò che sta dicendo. Spesso, quando i pensieri negativi persistono, l'indice massaggia o preme sull'occhio

- La prossima volta che avrai l'occasione di esporre un'idea a un gruppo di persone, osserva attentamente le reazioni corporali che provocherai. Noterai qualcosa di affascinante. La maggior parte delle persone, se non tutto il gruppo, inizierà ad assumere un atteggiamento di valutazione finché non finirai la tua presentazione e chiederai opinioni o suggerimenti riguardo l'idea. In quel momento i gesti di valutazione cesseranno, una mano si sposterà sul mento e inizierà a sfregarlo.

- Sfregarsi il mento è un segnale che l'ascoltatore sta prendendo una decisione e potrai notare che compierà questo gesto dopo che gli avrai chiesto un parere.

Massaggiarsi la nuca e darsi una pacca sulla nuca

- Massaggiarsi la nuca (foto a sinistra) è un gesto che viene spesso accompagnato dall'interruzione del contatto visivo. Massaggiandosi la nuca e rivolgendo lo sguardo verso il basso, infatti, il corpo del parlante esprime che egli sta mentendo.Questo gesto può anche significare frustrazione o rabbia, ma in questo caso la mano prima colpisce la nuca e poi inizia a massaggiarla.

- Darsi una pacca in testaè il sintomo di una dimenticanza, e il punto che la mano colpisce indica come si sente il parlante a riguardo. In caso si colpisca in fronte, sta segnalando che non si sente intimidito dall'interlocutore nonostante gli abbia fatto notare la dimenticanza. In caso si dia una pacca sulla nuca, invece, il parlante sta sentendo il peso dell'errore sulla spalla ed è scocciato dal fatto che l'interlocutore glielo abbia fatto notare.

Capitolo 5: Usare il linguaggio del corpo per dare una buona impressione di sé

"Il linguaggio del corpo è uno strumento molto potente. Comunicavamo col corpo fin da prima di saper parlare e, a quanto pare, l'80% di ciò che viene capito in una conversazione non passa per la parola, ma per il corpo."
- Deborah Bull

Così come è importante capire cosa gli altri stanno comunicando col loro corpo, è importante essere consapevoli di cosa il proprio corpo sta comunicando agli altri.Generalmente si tende a stare attenti riguardo ciò che si dice per non ferire gli altri, senza preoccuparsi però di ciò che si esprime attraverso le espressioni non verbali.

Un esempio è questo: un amico ti sta raccontando, entusiasta, della sua recente vacanza alle Bahamas mentre tu sbadigli o ti sporgi all'indietro. Sono gesti che mostrano con chiarezza il tuo disinteresse e lo spronano a terminare di parlare di sé. Ricorda che una buona comunicazione è essenziale nelle relazioni, e che la comunicazione si basa sul linguaggio del corpo. È necessario reagire in modo positivo e genuino, pensando agli effetti che le proprie reazioni avranno sugli interlocutori. Potrai essere disinteressato, ma ciò non significa che dovrai mostrarlo. La sensibilità è una virtù spesso sottovalutata.

D'altro canto, potresti ritrovarti in situazioni in cui, nonostante ti senta nervoso, in ansia o a disagio, non potrai manifestare le tue sensazioni. Di seguito troverai alcuni consigli su come controllare il proprio linguaggio del corpo in modo da dare una buona impressione di sé.

1. <u>**Anche se sei in ansia, cerca di non mostrarlo**</u>

Se non ti trovi in una situazione di pericolo, puoi nascondere la tua ansia in modo da incoraggiare gli altri e farli sentire graditi. Per farlo, dovrai sforzarti e tenere ben chiaro in mente l'obiettivo. Potrai essere annoiato o nervoso, ma sarai comunque in grado di controllare dei movimenti come l'alzare gli occhi al cielo o il muovere nervosamente una gamba. Impara a parlare lentamente nonostante l'ansia. Quando si è nervosi si tende a parlare velocemente, spesso dicendo parole alla rinfusa. Fai dei respiri profondi per calmarti e riuscire così a parlare in modo chiaro.

2. <u>Nascondi il malumore</u>

La rabbia e la tristezza possono venir nascoste. Ci sono situazioni in cui dovrai fingere, come ad esempio quando stai conoscendo una persona nuova e non vuoi dare l'impressione di essere scontroso. Inoltre, manifestare il proprio malumore non farà altro che peggiorare anche l'umore degli interlocutori.

Se, nonostante il tentativo, non sei riuscito a nascondere il tuo malumore con il nuovo conoscente, ricomincia da capo. Vai dalla persona in questione, scusati per il tuo comportamento e spiega che in quel momento non eri in te. Le persone apprezzeranno la tua consapevolezza e la tua umiltà, e saranno felici di darti una seconda opportunità.

3. <u>Entra in sintonia con te stesso</u>

Dare una buona prima impressione è importante. Assicurati che la tua espressione facciale, la tua postura, i tuoi gesti e il tono della tua voce siano in sintonia. Quando fai conoscenza con qualcuno, o speri di fare una buona impressione, controlla il tuo corpo in modo da mandare un messaggio coerente, che non confonda l'interlocutore.

Capitolo 6: Persuadere e influenzare in modo efficace

"Più elaborati sono i nostri mezzi di comunicazione, meno comunichiamo"
- Joseph Priestley

Per persuadere qualcuno, le parole, se non accompagnate da un adeguato linguaggio del corpo, non risultano abbastanza efficaci. Il linguaggio del corpo è infatti un potente strumento di comunicazione che, se non padroneggiato perfettamente, può anche avere l'effetto contrario da quello desiderato. Non si può influenzare qualcuno senza sapere come utilizzare gli occhi, la faccia, le mani e la voce.

Di seguito troverai qualche esempio su come sia possibile influenzare qualcuno usando il linguaggio del corpo:

1. **<u>Chiedi di persona</u>**

Se hai bisogno di un'informazione, la cosa migliore che tu possa fare è chiedere di persona piuttosto che mandare un'e-mail o un sms. È persino più efficace di una telefonata. Potrai notare che è più semplice rifiutare una richiesta pervenuta tramite e-mail, quindi, in caso tu abbia bisogno di ottenere un "sì", la soluzione migliore è chiedere di persona.

Quando fai una richiesta, osserva il linguaggio del corpo dell'interlocutore in modo da apportare piccole modifiche al messaggio, rendendolo così più efficace. Per esempio, se la persona con cui stai parlando fa un cenno positivo, senza però aggiungere altro, significa che è il momento di smettere di parlare. Se, invece, l'interlocutore scuote leggermente il capo come a dire "no", è ora di cambiare argomento.

Le tue emozioni e il tuo entusiasmo potranno essere notati dal tono della voce, dai gesti e dalle espressioni facciali che accompagnano la richiesta. Il motivo per cui le richieste sono più efficaci di persona è proprio questo: le espressioni del corpo, in questo caso, sono contagiose e hanno un'influenza sulla risposta dell'interlocutore. Per quanto ci si impegni, infatti, è difficile esprimere le proprie emozioni tramite un telefono, e non importa quanti punti di domanda o emoji si possano inserire in un testo, è solo quando ci si incontra faccia a faccia che è possibile manifestare pienamente come ci si sente. Non sempre, però, è possibile vedersi di persona; in tal caso opta per una videochiamata.

2. **Controlla il tuo linguaggio del corpo**

Osservare il linguaggio non verbale dell'interlocutore è semplice, ma spesso si finisce per dimenticare cosa sta comunicando il proprio corpo. La prima cosa che viene notata è la postura, che provoca immediatamente un'impressione sull'interlocutore, positiva o negativa che sia. È per questo che è importante tenere la schiena dritta e la testa alta, così come è importante stare attenti a non invadere lo spazio personale dell'interlocutore.

Stabilisci un contatto visivo in modo da sembrare affidabile, fai sorrisi genuini e, se necessario, accompagna le parole a dei gesti con la mano. Ciò porterà l'altro a pensare che tu sia una persona entusiasta e che si dà da fare. Quando mostri di essere sicuro di ciò che dici, induci le altre persone ad ascoltarti, a crederti e a fare ciò che dici.

Viceversa, se farfugli parole incomprensibili, tenendo le mani incrociate sul petto, la testa verso il basso e lo sguardo rivolto altrove, nessuno crederà a una tua singola parola.

3. Sii coerente

Alcune persone riescono a fare dei discorsi molto convincenti, utilizzando le parole più adeguate per convincere il pubblico, ma se ciò che dicono le loro bocche entra in conflitto con ciò che esprimono i loro corpi, le parole risulteranno piatte. L'ascoltatore sarà confuso e non saprà se credere alle parole o ai gesti e, nella maggior parte dei casi, si affiderà ai secondi.

Questa è la ragione per la quale le parole e i gesti devono essere in sintonia. Evita le seguenti azionise vuoi che qualcuno si fidi di te:

Sorrisi falsi

Irrequietezza

Abbassare o alzare lo sguardo

Incrociare le braccia

Sorrisetti

Spostare il peso corporeo

Per risultare più persuasivo, devi utilizzare espressioni facciali e gesti positivi. Solo così riuscirai a coinvolgere gli ascoltatori e a fare una buona impressione su di loro.

4. <u>Fai attenzione al tuo linguaggio del corpo</u>

Le espressioni non verbali non hanno un significato universale. Un sorriso, per esempio, può esser fatto per manifestare gradimento, ma in alcuni casi può anche essere una reazione nervosa. Devi fare attenzione a mandare segnali simili. Se ti trovi in una conversazione in cui l'interlocutore ti sta raccontando un'ingiustizia, potresti innervosirti e tendere a sorridere, ma non farlo: quel sorriso potrebbe essere interpretato come una beffa o una mancanza di empatia. Fai sempre attenzione al messaggio che si nasconde dietro le tue espressioni non verbali.

5. Sii onesto

Riflettendo sulle parole da dire, devi anche prestare attenzione alla postura che adotti, ai gesti con le mani e alle espressioni facciali, ma ciò non significa che devi pensarci per tutto il tempo, magari perdendo il filo del discorso. Il linguaggio non verbale è difficile da controllare proprio perché riflette i sentimenti più profondi e pertanto, rimanendo genuini, è possibile essere persuasivi e influenti senza pensare troppo al proprio linguaggio del corpo.Se parli sinceramente, dicendo ciò che realmente pensi, non farai fatica a farti credere dagli ascoltatori. In fin dei conti, il modo più efficace per risultare persuasivi è quello di essere onesti.

Quindi, ricapitolando, per interpretare il linguaggio del corpo, non dimenticare le seguenti nozioni:

Alcuni gesti ed espressioni facciali sono ambigui. La maggior parte dei gesti non hanno un'interpretazione univoca, e sono rari quelli che hanno un significato universale. In questo caso si parla, ad esempio, del dito medio, del pollice in su e del segno della pace.

Non si può interpretare il linguaggio del corpo di una persona semplicemente osservandole il viso: alcuni riescono a mascherare le loro emozioni molto bene, ed altri sono molto bravi a mentire.

Sebbene il viso non sia l'unico elemento da tenere in considerazione quando si interpreta il linguaggio del corpo, è in grado di manifestare le emozioni più forti, che sono semplici da riconoscere se si ha famigliarità le microespressioni. Le microespressioni sono fugaci e scompaiono in un attimo, ma riflettono i sentimenti più reconditi.

Capitolo 7: Errori comuni nell'interpretare il linguaggio del corpo

Il linguaggio è un recipiente sicuramente troppo piccolo per racchiudere tutte le emozioni e le percezioni, che in qualche modo finiscono per riversarsi nell'anima.

-Radclyffe Hall

Interpretare il linguaggio del corpo potrebbe sembrare facile finché non si riflette sugli aspetti culturali e personali coinvolti. Alcuni credono di sapere cosa significhino dei determinati gesti, o espressioni facciali, o addirittura credono che abbiano un significato specifico. Non è così. Di seguito troverai degli errori comuni che vengono commessi nell'interpretazione del linguaggio del corpo:

1. **<u>Fraintendimenti sui sorrisi</u>**

Sorridere non sempre significa essere felici o emozionati. Alcuni sorrisi sono solo delle maschere che si indossano per nascondere un disagio, e devi imparare a distinguerli. La chiave è guardare l'interlocutore negli occhi. Solo scoprendo se il sorriso è genuino o nopotrai avere una reazione adeguata.

2. Fraintendimenti sulle menzogne

Mentre è possibile capire se qualcuno si trova a disagio semplicemente notando che distoglie lo sguardo, capire se qualcuno sta mentendo è ben più difficile. Smascherare una menzogna può essere piuttosto complesso. Alcuni, mentendo, riescono a mantenere un buon contatto visivo e quindi, per riuscire a riconoscere una bugia, dovrai fare attenzione a tutti gli altri segnali non verbali, come il movimento delle mani, dei piedi e delle gambe.

3. <u>Fraintendimenti sul contatto fisico</u>

Il contatto fisico viene generalmente visto come un segno d'amore e d'affetto, ma non è sempre vero. In alcuni casi, toccare l'interlocutore è una manifestazione di superiorità, mentre in altri è una semplice richiesta di attenzioni, senza coinvolgimento di affetto o sentimenti.

4. <u>Fraintendimenti sugli "eh"</u>

La credenza comune secondo cui le persone che riempono i discorsi con gli "eh" siano nervose non è completamente vera. Che il loro continuo utilizzo non sia raccomandabile e che, evitandoli, si possa migliorare la qualità del discorso è ovvio, ma gli studi dimostrano che l'uso degli "eh" provoca una risposta positiva. Gli "eh" riempono i tempi morti, rendendo il discorso più fluido.

Questi sono solo i fraintendimenti più comuni nell'interpretazione del linguaggio del corpo, ma si deve riconoscere che non esiste un dizionario che "traduca" i gesti. Non si può inoltre fare supposizioni basate sul senso comune.

L'unica cosa che puoi fare per migliorare la tua comprensione del linguaggio del corpo è quella di fidarti del tuo istinto. Condividere, riconoscere e capire i sentimenti e le emozioni è una dote innata dell'uomo. Per esempio, nel momento in cui noti che qualcuno è in allerta, la tua reazione è immediata. Per iniziare a fidarti del tuo istinto, puoi solo ascoltare l'inconscio, che subito riconosce la situazione, permettendoti così di capire cosa gli altri stiano manifestando con il loro corpo. Non è semplice, e richiederà tempo e pratica.

Conclusione

Interpretare il linguaggio del corpo ed essere capaci di esprimersi attraverso di esso è un buon modo per costruire e consolidare le relazioni. Il linguaggio del corpo riflette le sensazioni, i pensieri e gli intenti reali. È importante ricordare che le emozioni vengono manifestate dal corpo prima ancora che vengano recepite dall'inconscio, e che col linguaggio del corpo si può manifestare, ad esempio, felicità, impazienza o rabbia. Sebbene non esistano dei significati chiari e universali che possano essere attribuiti ai gesti, se si conoscono le basi del linguaggio del corpo, è facile fare deduzioni. Ciò è particolarmente vero quando ci si ritrova a interpretare la gestualità di qualcuno con cui si ha già una relazione in quanto si ha già famigliarità con i suoi modi di fare.

In conclusione, se stai cercando di leggere e interpretare il linguaggio del corpo altrui, eccoti alcuni consigli che potranno esserti utili:

Presta attenzione alla postura, ai gesti e alla persona nella sua interezza.

Fidati delle tue sensazioni e del tuo istinto

Dai importanza ai piccoli gesti e presta particolare attenzione quando qualcuno dice, o fa, qualcosa di rilevante.

Imparare il linguaggio del corpo è un buon metodo per interagire correttamente con gli altri. Ricorda: nella comunicazione ad essere importanti non sono solo le parole, ma anche il modo in cui le si dice.

Sfrutta le nozioni che hai imparato leggendo questo libro per poter identificare e interpretare i segnali non verbali e per poter usare il linguaggio del corpo a tuo vantaggio. Noterai così miglioramenti nella tua vita sia personale che professionale.

Imparando ad usare correttamente il tuo corpo, riuscirai a persuadere, motivare e influenzare gli altri. Non dimenticare tuttavia che le parole devono essere coerenti con le espressioni facciali, la postura, il tono di voce, la gestualità, i movimenti del corpo e la distanza che intercorre con l'interlocutore. Per concludere, ricorda che il miglior modo per rendere efficacela comunicazione non verbale è quello di essere genuini perché, sebbene sia sottovalutata, la sincerità è la base su cui poggiano tutte le relazioni.

Parte 2

Introduzione

Grazie per aver scaricato questo libro.

Al suo interno si trovano informazioni pratiche su come influenzare, attrarre e stabilire connessioni con le persone senza parlare, utilizzando abilità di comunicazione non verbale per il business e gli imprenditori.

L'arte della comunicazione è qualcosa che la maggior parte di noi impara crescendo; purtroppo però, solo alcuni tengono conto dell'aspetto non verbale della comunicazione. Gran parte di noi, infatti, si concentra sulla comunicazione verbale, ovvero su come utilizziamo le parole nelle conversazioni e nelle interazioni quotidiane.

Il linguaggio del corpo è un aspetto fondamentale della comunicazione non verbale ed è importante quanto (se non più) della comunicazione verbale.

Fare errori nell'uso del linguaggio del corpo comporta che molti continueranno a fraintendere le nostre vere intenzioni nel parlare, perché le nostre parole possono risultare incoerenti con il nostro non verbale.

È per questo che politici, manager, oratori e persone di successo imparano come sfruttare il linguaggio del corpo. Se un politico usa il linguaggio non verbale in modo sbagliato, questo può costargli la carriera o l'appoggio dei suoi sostenitori.

Un uomo d'affari incapace di usare correttamente il linguaggio del corpo avrà scarsi risultati nelle trattative e difficilmente un giovane professionista che cerchi di farsi strada nel suo lavoro saprà eccellere nei colloqui di selezione.

Imparare a usare questo linguaggio per comunicare è un'abilità molto importante, che ci aiuta a costruire e mantenere relazioni durature. Grazie al linguaggio non verbale avremo più impatto nel comunicare e diventeremo migliori negoziatori, caratteristiche essenziali per avere successo negli affari.

Tutto questo dimostra che il linguaggio del corpo è davvero importante.

Questa guida approfondita ti insegnerà come usare il linguaggio del tuo corpo per comunicare efficacemente, facendo in modo di trasmettere le tue vere intenzioni ogni volta che comunicherai.

Grazie ancora per aver scaricato questo libro, spero che ti piacerà!

Capire il linguaggio del corpo

Una mattina di settembre del 1960, Richard M. Nixon e John F. Kennedy si incontraronoper il primo round del dibattito tra candidati alle elezioni, parte della loro campagna per le presidenziali.

Poiché era già stato due volte vicepresidente, Richard M. Nixon era un personaggio popolare sulla scena politica. In confronto, Kennedy partiva con un leggero svantaggio perché la sua faccia era piuttosto sconosciuta.

Nixon, che prima del dibattito aveva trascorso del tempo ricoverato in ospedale, si presentò un po' sottopeso, malaticcio e pallido (aveva rifiutato il trucco prima dell'intervista) mentre Kennedy appariva calmo e sicuro, sfoggiando radioso una pelle sana e abbronzata.

Durante il suo discorso, Nixon continuava ad asciugarsi il sudore dalla fronte, con in volto un'espressione a tratti debole, a tratti vuota. Non si può negare, tuttavia, che abbia evidenziato punti validi e importanti con ottimi riferimenti, cosa che avrebbe potuto portarlo a vincere il dibattito.

Sfortunatamente per lui, però, perse il dibattito contro Kennedy.

Perché?

Perché quando John F. Kennedy si alzò per fare il suo discorso era autorevole, vestito impeccabilmente e sicuro di sé. Modulava bene la voce, che non aveva mai vacillato.

La sua sicurezza e il suo aspetto fecero sembrare Nixon poco preparato e incerto e si sa quel che si dice delle prime impressioni: sono difficilissime da cambiare!

Quello è stato uno dei momenti decisivi nella carriera politica di John F. Kennedy, che fu catapultato sotto i riflettori. Fu allora che l'America e le persone di tutto il mondo si accorsero di lui.

Da quel momento i personaggi pubblici e i politici hanno cominciato a prestare più attenzione al modo in cui appaiono e si pongono, specialmente quando devono rivolgersi al pubblico.

Questo celebre esempio dimostra come il linguaggio del corpo possa fare la fortuna o la rovina della carriera di una persona.

Che cos'è il linguaggio del corpo?

Il linguaggio del corpo è un mezzodi comunicazione non verbale. Riguarda la comunicazione che avviene usando i movimenti del corpo, le posture, i contatti visivi, l'intonazione della voce e lo spazio, anziché le parole o i discorsi espressi verbalmente.

Per questo la psicologia definisce il linguaggio del corpo semplicemente come l'arte di comunicare senza l'uso delle parole.

Il linguaggio del corpo può essere intenzionale o non intenzionale, motivo per cui non possiamo permetterci di ignorarlo.

Talvolta non ci rendiamo conto che gli altri attribuiscono un significato a quello che facciamo o al nostro aspetto. Nixon pensava di poter arrivare al dibattito con l'aspetto che aveva, potendo contare su un discorso ben preparato e qualche asso nella manica per spiazzare il suo rivale.

Per sua sfortuna, trascurò proprio l'aspetto su cui il pubblico si concentrò: ebbero l'immagine di una persona noncurante e impreparata e niente di quello che disse importò più granché.

L'essere umano medio è più intelligente di quello che la maggior parte di noi crede e riesce a osservare gli altri dando un senso alle loro azioni e alle apparenze. È il motivo per cui a volte ci troviamo a guardare una persona e decidere che non ci piace senza averci mai parlato: probabilmente il suo linguaggio del corpo ci stava mandando dei segnali che non ci piacevano.

Ma perché la nostra comunicazione corporea è così importante? Scopriamolo nel dettaglio:

Perché il linguaggio del corpo è importante?

Molti esperti sostengono che le parole costituiscano appena il 30% di qualsiasi conversazione tra due persone o in un gruppo. Il restante 70% della comunicazione è non verbale, avviene cioè attraverso gesti, segnali ed espressioni.

Tra le altre ragioni per cui è importante imparare l'arte della comunicazione non verbale va considerato che:

1. Aiuta a esprimere meglio i sentimenti. Potresti trovarti in situazioni in cui non vuoi che le persone riportinole tue parole. Sono momenti in cui puoi ricorrere tranquillamente all'uso del linguaggio del tuo corpo per far arrivare il messaggio. Inoltre, saper leggere il linguaggio del corpo ti permetterà di identificare le vere intenzioni delle persone coinvolte nella comunicazione.

2. Puoi usare il linguaggio non verbale per rimarcare le tue parole e fare in modo che quello che dici abbia un impatto sugli altri,

assicurandoti la loro attenzione ogni volta che parli.

3. Il linguaggio del corpo rinforza la tua fiducia. È un aspetto importante specialmente se sei in una posizione di leadership o se hai un pubblico davanti. In queste situazioni, conoscere il funzionamento della comunicazione corporea ti impedisce di usarla in maniera sbagliata, cosa che potrebbe causare sfiducia o insicurezza.

4. A volte certe persone ci sembrano "fastidiose" semplicemente perché non sanno quando fermarsi. L'arte di comunicare tramite il linguaggio del corpo ci insegna a leggere i sentimenti degli altri, a riconoscere quando non sono a loro agio o hanno delle riserve a parlare di determinati argomenti. Conoscerla ci aiuta a non far arrabbiare le persone e, anzi, a farle contente o assecondare i loro desideri.

5. Il linguaggio del corpo ti rende un negoziatoremigliore. Negli affari in particolare, sarai in grado di interpretare

chi hai di fronte, decifrandone le intenzioni o le prossime mosse. Potrai quindi decidere di agire nel modo che più ti conviene.

L'aspetto più importante della comunicazione del corpo è che costruisce relazioni personali e professionali più solide e migliori. In fin dei conti, ci aiuta a diventare una versione migliore di noi stessi.

Una volta chiariti questi aspetti, passiamo ai diversi elementi fondamentalidel linguaggio del corpo.

Elementi della comunicazione con il linguaggio del corpo

Sono molti gli elementi che compongono la comunicazione del corpo. Tra questi vi sono:

Espressioni del volto

Occhi

Gesti

Postura

Voce

Aspetto

Contatto fisico

Movimento

La giusta combinazione di questi otto elementi contribuisce a farti diventare un comunicatore efficace. Vediamo nel dettaglio ciascun elemento:

Espressioni del volto

La mimica del volto è una delle maggiori fonti di espressione in ogni essere umano. Le sue espressioni sono come una lavagna che mostra le emozioni, così, anche se non siamo in grado di leggere la mente delle persone, chiunque capisca il linguaggio del corpo è in grado didecifrarne alcuni pensieri.

La tua mimica facciale indica quando sei felice, triste, interessato o disgustato senza bisogno di parole. Inoltre, il colore, le emozioni, le espressioni e il livello di sudorazione del tuo volto rivelano i tuoi pensieri e sentimenti. Nello specifico:

Colore del volto

Di seguito un elenco dei colori che il volto può assumere e del loro significato:

Bianco: un volto bianco indica che c'è un afflusso improvviso di sangue dal volto di una persona ai suoi muscoli; questo indica che la persona si sente minacciata o ha paura.

Rosso: un rapido afflusso di sangue verso il volto indica un'emozione forte, come imbarazzo, rabbia o felicità.

Blu: anche il blu indica paura, oppure freddo estremo.

Sudorazione del viso

Il sudore è il meccanismo di raffreddamento del corpo. Ma può rivelare molto anche riguardo ai sentimenti o alle emozioni di una persona. Essere troppo agitati o emozionati può farci sprigionare calore, perciò il corpo cercherà di raffreddarsi, producendo sudore.

Mimica facciale delle emozioni

Esistono decine di segnali con cui il volto può svelare i veri sentimenti di una persona. Tali segnali possono includere:

- Dilatare le narici, voltare la testa dall'altra parte, arricciare il naso, tenere la bocca chiusa con la lingua che sporge possono essere segnali di disgusto;
- Occhi bassi o umidi, labbra strette, testa rivolta verso il basso possono indicare tristezza;
- Scuotere la testa, avere occhi umidi con le sopracciglia leggermente ravvicinate può essere indice di un sentimento di pena o compassione;
- Occhi dilatati, occhi che guardano in basso o chiusi e bocca socchiusa possono significare paura;
- Testa inclinata in avanti, occhi spalancati con pupille dilatate, labbra leggermente aperte e sorriso possono essere segnali di desiderio;

- Risate, occhi luminosi, sopracciglia leggermente sollevate e testa alta sono indici di felicità;
- Tenere la testa tra le mani, le labbra tirate da un lato, guardare altrove durante una conversazione può significare noia;
- Arrossire, tenere le sopracciglia o la testa basse può indicare vergogna;
- Naso arricciato, angoli della bocca che puntano verso il basso e occhi fissi possono voler dire invidia;
- Occhi spalancati, testa inclinata di lato con il mento abbassato sono segnali di sorpresa;
- Estremità esterne delle sopracciglia abbassate e bocca inclinata da un lato possono indicare che si è sollevati.

Questi pochi esempi delle espressioni facciali più comuni e diffuse sono utili da imparare a riconoscere, se si vuole diventare comunicatori migliori e più efficaci.

Occhi

Nel linguaggio del corpo anche gli occhi sono molto importanti. Sono "lo specchio dell'anima" poiché mandano segnali consci e inconsci.

Alcuneistruzionida conoscere sui segnali più comuni del linguaggio degli occhi sono:

Contatto visivo: in qualsiasi tipo di conversazione è vitale mantenere il contatto visivo. Farlo dimostra interesse, fiducia e riconoscimento; tuttavia, i contatti visivi possono avere significati diversi.

1. Guardare altrove: guardare altrove può significare disinteresse o noia;

2. Distogliere lo sguardo: anche se è importante mantenere il contatto visivo mentre parli, cerca però di distogliere lo sguardo ogni tanto per poi ristabilirlo. Un prolungato contatto visivo può infatti indicare che si sta sfidando l'altro o che stiamo flirtando. Evitarlo del tutto invece è scorretto, perché dimostra insicurezza.

3. Guardare l'interlocutore: guardare l'altro indica semplicemente che siamo interessati alla conversazione o alla persona che stiamo guardando. Tuttavia, evita di squadrare l'altro dalla testa ai piedi, in quanto ciò può significare che lo stai giudicando. Mantieni lo sguardo sopra il livello degli occhi ed evita di guardare la bocca o altre parti del corpo, se non vuoi che la persona fraintenda e lo scambi per un interesse romantico.

4. Sbattere le palpebre: succede anche involontariamente ed è un meccanismo con cui l'occhio si mantiene pulito, ma sbattere le palpebre rapidamente può indicare arroganza. Al contrario, un incremento di questo movimento delle palpebre può essere sinonimo di ipocrisia o di stress.

5. Stringere gli occhi: può indicare che si sta flirtando, oppure incertezza, o ancora inganno.

6. Guardare verso l'alto o il basso: guardare in alto rispetto all'interlocutore è talvolta associato a un sentimento di noia o a un giudizio. D'altra parte, guardare in basso può essere un segno di rispetto o di sottomissione.

7. Occhi umidi o lacrimanti: può essere un segnale di estremo sconforto o felicità, stanchezza, ansia, paura o tristezza.

8. Gettare sguardi alla porta: evita di guardare continuamente la porta durante una conversazione, altrimenti potresti sembrare disinteressato o pronto ad andartene.

9. Pupille dilatate/allargate: indicano desiderio sessuale.

10. Pupille ristrette: indicano disgusto.

11. Fare l'occhiolino: può significare che si sta complottando qualcosa, o indicare comprensione tra due individui.

Gesti

Mentre comunica, la maggior parte di noi muove inconsapevolmente delle parti del corpo come le braccia, le gambe, la testa e le dita. Anche questi gesti fanno parte del linguaggio del corpo. Alcuni dei più comuni gesti degni di nota sono:

1. Braccia incrociate: incrociare le braccia significa difendersi, ma può esprimere anche disaccordo o insicurezza.

2. Mangiarsi le unghie: può essere un segnale di nervosismo, stress o insicurezza.

3. Mani sulle guance: indicano grande concentrazione sul tema della conversazione. Ma possono anche segnalare che si è persi nei propri pensieri.

4. Grattarsi il naso: è un segno di ansia, stanchezza o impazienza.

5. Tamburellare con le dita: è sintomo di impazienza o stanchezza.

6. Sfregarsi le mani: sfregarsi le mani velocemente significa impazienza o entusiasmo.

8. Palmi aperti: i palmi delle mani aperti, rivolti verso l'alto, sono segno di sottomissione o di sincerità.

9. Tenere la testa tra le mani: può indicare turbamento o noia.

10. Dita rivolte verso l'alto: congiungere le dita delle mani e volgerleverso l'alto indica autorità o controllo.

11. Accarezzarsi la barba: capita quando si è immersi nei propri pensieri o nel ponderare una decisione importante.

12. Annuire: è un segnale universale di consenso, a volte di sottomissione.

13. Togliersi la lanugine dai vestiti: togliersi di dosso pelucchi immaginari può significare disapprovazione o disagio nei confronti dell'interlocutore.

14. Mani sulla testa: indica falsa sicurezza o un tentativo di intimidire l'altro.

Postura

Quando comunichi, il tuo corpo può assumere due tipi di postura: il tipo che indica apertura e quello che, al contrario, indica chiusura.

Durante una conversazione, comunicare apertura attraverso il linguaggio del corpo ti fa apparire espressivo e sicuro, ma può farti sembrare anche aggressivo o polemico. Tra gli esempi più comuni di comunicazione non verbale aperta vi sono:

Gambe non incrociate: tenere le gambe non incrociate, inclinarsi leggermente in avanti e poggiare le mani sulle cosce durante una conversazione può significare disonestà, o che si ha qualcosa da nascondere.

Braccia non incrociate: non incrociare le braccia è indice di sincerità, apertura e franchezza.

Un corpo che comunica chiusura può invece indicare che si hanno scopi ulteriori o segreti. Alcuni esempi di chiusura sono:

Gambe incrociate: incrociare le gambe da seduti può essere segno di disinteresse per i temi di discussione dell'interlocutore. Al contrario, stare in piedi con le gambe incrociate può indicare grande interesse per l'argomento di conversazione.

Braccia incrociate: a volte può essere un gesto di opposizione, di una decisione ormai presa e che non si vuole ridiscutere, o può indicare un rifiuto di accettare le opinioni o le idee dell'altro.

Voce

Quando parli, anche il tono della tua voce fa parte del linguaggio con cui il tuo corpo comunica. I principali aspetti con cui la voce contribuisce alla comunicazione corporea sono due:

Tono: il tono della tua voce dice molto delle tue emozioni in quel momento. Se sai come controllarlo, può anche nascondere i tuoi veri sentimenti. Una voce squillante denota entusiasmo e felicità, mentre una voce grave può indicare autorità o comando.

Enfasi: l'intonazione e la melodia della tua voce possono tradire una perdita di interesse. Per mostrare grande interesse in una conversazione, prova a enfatizzare le tue parole; allo stesso modo, ridurre l'enfasi sulle parole dimostrerà che hai perso interesse nella conversazione.

Aspetto

Anche l'apparenza contribuisce a qualsiasi conversazione.

La tua immagine ha un impatto visivo sugli altri e avere un aspetto curato può portarti lontano. Assicurati che il modo in cui sei vestito non mandi il messaggio sbagliato, vesti sempre in modo appropriato all'occasione e assicurati di essere in ordine, specialmente se hai un incontro di lavoro.

Contatto fisico

L'ultimo elemento del linguaggio del corpo è il contatto fisico. Si tratta di un argomento delicato, perché alcune persone interpretano il contatto come una maleducazione, un gesto irrispettoso o addirittura, a seconda della cultura, anche illegale.

Puoi toccare qualcuno per catturarne l'attenzione, metterlo a proprio agio o incoraggiarlo.

Tuttavia, sii discreto nel contatto, specialmente quando parli con una persona del sesso opposto.

Il prossimo capitolo è dedicato specificatamente all'uso del linguaggio del corpo nel business.

Il linguaggio del corpo nel business

Sapevi che il successo di qualsiasi incontro comincia nell'esatto momento in cui l'interlocutore posa gli occhi su di te? Una delle cose che l'altro nota, oltre al tuo aspetto, è l'aura che il linguaggio non verbale ti conferisce.

Il tuo corpo parla alle persone molto prima di quando apri bocca.

Dunque, proprio come di solito prepari i discorsi che farai e il tuo look per gli incontri di lavoro, dovresti curare anche il linguaggio non verbale: fermati a decidere come vuoi essere percepito dagli altri e i messaggi che vuoi che il corpo comunichi e preparati di conseguenza.

Di seguito trovi alcuni suggerimenti generici che puoi utilizzare per migliorare la comunicazione corporea in qualsiasi contesto di lavoro.

Assumi una postura corretta

Una delle prime cose che gli altri noteranno di te è come ti poni. Evita posture fiacche, come startene stravaccato, con le spalle ciondoloni e la pancia in fuori, perché ti faranno sembrare sfiduciato o insicuro e, senza rendertene conto, potresti finire per respingere gli altri. Prova invece a tenere il petto in fuori, le spalle indietro e la pancia in dentro. Mantieni anche la testa alta.

Quando stai in piedi, tieniti dritto con i piedi ben piantati a terra, a circa quindici-venti centimetri l'uno dall'altro. Se con te ci sono altre persone, metti un piede leggermente davanti a loro. Darai l'impressione di essere equilibrato o ben radicato.

Una stretta di mano decisa

Negli affari, la stretta di mano è molto importante. Può rafforzare o indebolire un rapporto. Dà sempre una stretta forte e decisa: prendi con sicurezza la mano del tuo interlocutore e mantieni il contatto visivo con lui mentre la stringi e la scuoti leggermente non più di tre volte. Da come ti viene stretta la mano puoi inoltre determinare le intenzioni del tuo interlocutore.

Ad esempio, quando una persona allunga la mano per stringere la tua e poi prova a portare la sua verso l'alto, sta cercando di controllarti; una mano sudata può indicare le la persona è timida o che è in uno stato di ansia.

Mantieni il contatto visivo

In precedenza abbiamo visto come il contatto visivo sia importante, specialmente se vuoi dimostrare fiducia o comprensione. Quando sei impegnato in una discussione con un'altra persona, stabilisci fin da subito il contatto visivo e continua a mantenerlo fino alla fine.

È importante anche sapere dove guardare: immagina che sul volto dell'altro ci sia un triangolo capovolto, con la base appena sopra gli occhi da cui partono gli altri due lati, che convergono tra il naso e la bocca. Questo triangolo immaginario rappresenta il tuo focus durante la conversazione.

Evita di fissare o di prolungare troppo lo sguardo senza interrompere il contatto visivo: ogni tanto guarda in basso e poi ritorna a posare lo sguardo sul triangolo immaginario, così che tu non venga percepito come intimidatorio o dominante.

Sorridi

Si tratta dell'espressione facciale più importante che tu possa adottare nelle comunicazioni di lavoro. Sorridi per creare un ambiente positivo e guadagnarti il rispetto delle persone. È preferibile sorridere piuttosto che accigliarsi o ridacchiare.

Suggerimenti sul linguaggio del corpo nel lavoro

Negoziare

Quando ci si trova a negoziare un affare, è normale tendere a voler avere il controllo per ottenere che la trattativa si chiuda a nostro favore. Tuttavia, è bene sapere che l'arte della negoziazione va oltre l'utilizzo delle parole giuste: anche il linguaggio del corpo contribuisce all'esito.

Ecco qualche suggerimento su come il non verbale può migliorare le tue trattative in futuro:

1. Costruisci un rapporto attraverso il rispecchiamento delle azioni, dei comportamenti e del tono di voce. L'interlocutore stabilirà una connessione con te.

2. Annuisci e mantieni il contatto visivo anche quando l'altro dice qualcosa su cui non sei d'accordo. Così facendo allenterai la tensione e costruirai un'alleanza, anche se i toni della conversazione dovessero essere polemici.

3. Non agitarti e non tenere strette le mani, altrimenti manderai segnali di nervosismo e l'altro potrebbe approfittarsene. Quindi cerca di proiettare

sempre fiducia ecompostezza tenendo le mani con le dita unite sotto il petto, a meno che tu non voglia sottolineare qualcosa di importante.

4. Tieni i piedi ben piantati a terra: ti aiuterà a mantenere la fiducia.

5. Assicurati che il tuo corpo sia rilassato, senza il minimo accenno di tensione, e che il linguaggio non verbale sia coerente con il tono della tua voce. Rimani tranquillo, parla piano ed evita parole o atteggiamenti aggressivi. Questo aumenterà la fiducia dell'altro nei tuoi confronti.

6. Sorridi. Sorridere crea un'aura amichevole che migliorerà l'esito della trattativa.

7. Infine, mantieni una postura aperta, non perdere il contatto visivo e sii paziente.

Nella prossima parte, discuteremo del linguaggio del corpo quando si parla in pubblico.

Suggerimenti sull'uso del linguaggio del corpo per parlare in pubblico, tenere un discorso e fare presentazioni

Se usato in modo efficace, il linguaggio del corpo è uno strumento molto potente. Puoi star sicuro che, nel momento in cui ti presenti di fronte a un pubblico, le persone ti valuteranno, ti osserveranno e ti giudicheranno. Con il linguaggio del corpo puoi contribuire a essere più influente, credibile e padrone della scena.

Per prima cosa, concentrati sul tuo aspetto. Il modo in cui appari al pubblico può determinare la sua reazione inconscia a te.

Di seguito trovi vari suggerimenti su come il linguaggio del corpo può aiutarti a diventare un oratore efficace in pubblico.

1. Usa una gestualità e dei movimenti che mantengano l'attenzione del pubblico su di te. Questo concetto è caratterizzato da quattro aggettivi: Neutrale, Aperto, Definito e Forte[1].

---

[1] Conosciuti con l'acronimo inglese NODS, che sta per Neutral, Open, Defined, and Strong (N.d.T.).

Neutrale: significa che è meglio iniziare a parlare adottando una posizione neutra, con le mani ai lati del corpo.

Aperto: aprirti al pubblico ti consente di influenzarlo e di permettergli man mano di influenzare te (con la capacità di leggerne gli stati d'animo e proseguire di conseguenza).

Definito: fa' in modo che i gesti che fai con le mani siano definiti.

Forte: i movimenti devono inoltre essere decisi.

2. Sfrutta il Tuo Spazio e non restare fermo in un punto: c'è un motivo se hai il palco a disposizione, usalo al meglio.

Usare lo spazio in modo efficace ti aiuta a mostrare al pubblico che sei sicuro e a tuo agio con te stesso, ma attenzione a non esagerare.

3. Sfrutta la tecnologia, ma non farti sfruttare da lei. Se la tua presentazione è corredata da qualche supporto video o audio, assicurati di averlo sotto controllo e provalo prima di salire sul palco. Ti eviterà inutili errori e distrazioni che ti farebbero apparire poco professionale.

4. Usa le espressioni del volto. Prima della presentazione, esercitati davanti allo specchio nelle espressioni facciali che vanno a supporto del tuo discorso. Talvolta le espressioni del viso possono determinare gran parte del discorso.

5. Lavora sul parlato. Sapere quali sono le parole giuste da usare contribuisce al successo del tuo discorso, quindi prima di presentarlo esercitati, esercitati ed esercitati ancora.

Successivamente, discuteremo come usare il linguaggio del corpo a tuo favore nei colloqui di lavoro.

Suggerimenti sull'uso del linguaggio del corpo nei colloqui di lavoro

Spesso ai colloqui di lavoro si respira un clima competitivo, in cui ogni candidato ha qualche asso nella manica da giocarsi per assicurarsi il posto. Tuttavia, molti tendono a trascurare il linguaggio del loro corpo.

Gli esperti in sviluppo di carriera ritengono che il giusto non verbale aiuti a ottenere un lavoro, perché è uno degli elementi che i selezionatori osservano per comprendere il carattere del candidato.

Per assicurarti di essere il candidato che poi verrà assunto,

Siediti correttamente

Siediti dritto e ben saldo, con la schiena appoggiata alla sedia. Se sei troppo abituato a startene ricurvo e ti è difficile rimanere dritto, prova a immaginare che ci sia un filo invisibile che parte dal soffitto e ti tira su dalla cima della testa. È un trucco che ti aiuterà a evitare di ingobbirti senza accorgertene.

Evita il Contatto Visivo Diretto

Guardarsi negli occhi è importante quando si comunica, ma nei colloqui è meglio mantenere un contatto visivo con il volto, piuttosto che guardare direttamente negli occhi. Così facendo, darai l'impressione di essere coinvolto e interessato alla discussione. Immagina che sul volto del selezionatore ci sia un oggetto che ruota e seguilo con gli occhi. Puoi ruotare lo sguardo dalla fronte alle narici, alla bocca, agli occhi e così via, evitando così di fissare l'interlocutore e sembrareimpreparato.

Usa la Gestualità

Durante un colloquio, sfrutta la gestualità delle mani a tuo vantaggio. Non usare le mani può far pensare a chi ti sta valutando che tu le nasconda perché sei ansioso o per scarsa fiducia in te, messaggi da non dare in una situazione del genere.

Palmi rivolti verso l'alto

Precedentemente abbiamo parlato di cosa vuol dire tenere i palmi delle mani aperti in una discussione. Significa essere onesti e non avere niente da nascondere. Per stabilire la fiducia e apparire sicuro e trasparente in un colloquio, adotta un linguaggio del corpo che comunichi apertura, il che include anche tenere i palmi rivolti verso l'alto.

Piedi ben piantati a terra

Siediti dritto, sta' di fronte al tuo interlocutore e tieni i piedi a terra. Non distogliere lo sguardo dal selezionatore e non guardare mai verso la porta.

Respira

Dirti di non essere ansioso prima, durante e subito dopo un colloquio sarebbe chiedere troppo: chiunque, anche la persona più sicura del mondo, prova un po' d'ansia e apprensione prima di una situazione importante come un colloquio per un lavoro.

Anche se il nervosismo ti logora dentro, impara a controllare la tua ansia affinché non sia troppo evidente. Un modo per farlo è respirare: quando parli, inspira ed espira. La tua ansia non sarà troppo visibile e il battito del cuore rallenterà.

Cammina con sicurezza

Il modo in cui cammini fa parte del linguaggio del tuo corpo: muoviti con sicurezza, tenendo le spalle indietro e il collo allungato. Mentre cammini, rivolgi le punte dei piedi verso l'intervistatore e guardalo di tanto in tanto finché non lo raggiungi, poi stringigli la mano prima di sederti.

Annuisci quando ascolti

Non limitarti a star fermo a guardare il tuo interlocutore mentre parla: annuisci per mostrare comprensione, concentrazione e intelligenza. Se si presenta l'occasione, sorridi cordialmente. Infine, avvicinati. Puoi avvicinarti nei momenti in cui vuoi che il tuo linguaggio del corpo sia coerente con quello che dici.

In tutto ciò che fai, assicurati di non commettere gli errori di cui parleremo di seguito.

Errori da evitare nell'uso del linguaggio del corpo

Sul lavoro ci sono vari tipi di errori del linguaggio del corpo da non commettere, perché potrebbero danneggiare la tua carriera. Anche se li abbiamo già visti nei precedenti capitoli, è importante evidenziarli in una sezione dedicata.

Tra gli errori da non commettere ci sono:

Gesticolare eccessivamente

Quando parli con gli altri, non esagerare nel gesticolare, perché questo può implicare che tu stia manipolando la realtà o tentando di camuffare una disonestà. Per mostrare sincerità e fiducia, fa' gesti piccoli e controllati.

Non guardare l'orologio

Guardare l'orologio da polso, specialmente se con insistenza, è un segno di assoluta mancanza di rispetto e indica che non si è interessati alla conversazione o che la si trova noiosa. Può anche dare l'idea che tu sia una persona impaziente.

Non guardare la porta

Non continuare a voltarti verso la porta, anzi evita completamente di guardarla, tranne ovviamente quando la conversazione finisce e vuoi andare via.

Non dare le spalle

Voltarti e dare le spalle viene interpretato come un gesto di maleducazione o di disagio. Può indicare che non ti interessa la conversazione o che non ti fidi di chi sta parlando.

Non incrociare braccia o gambe

Come detto, incrociare le braccia e le gambe comunica chiusura e un linguaggio non verbale chiuso non è positivo sul lavoro. I tuoi colleghi o soci potrebbero infatti pensare che tu sia disonesto, che tu nasconda qualcosa o che tu stia deliberatamente ignorando l'interlocutore. Incrociare braccia e gambe può inoltre significare testardaggine o disprezzo.

La mimica del volto non deve essere incoerente

Parole e tono di voce dovrebbero essere coerenti con le espressioni del tuo volto. Non puoi fare un discorso appassionato e deciso per esprimere scontento e sorridere allo stesso tempo. Questo genere di incoerenza manda il messaggio sbagliato e può confondere chi ti ascolta.

Non annuire con troppa enfasi

Troppa enfasi quando annuisci fa sembrare che tu finga di aver capito l'argomento in discussione. Annuire è un segno di accordo e concentrazione, ma non esagerare e se c'è qualcosa che non capisci, piuttosto che annuire, poni delle domande in merito. Le domande ti fanno apparire attento e interessato. Nel caso ti sfugga qualcosa, chiedi un chiarimento all'interlocutore.

Non ruotare gli occhi

Evita sempre di ruotare gli occhi. È un segno di mancanza di rispetto.

Non stringere i pugni

Stringere i pugni è una forma di linguaggio del corpo chiuso, che ti fa apparire polemico e sulla difensiva.

Non avvicinarti troppo

Rispetta lo spazio personale degli altri ed evita di avvicinarti troppo, a meno che tu non abbia già un rapporto personale con il tuo interlocutore.

Conclusioni

L'arte dell'uso del linguaggio del corpo non si impara dalla sera alla mattina: ci vogliono tempo e pratica costante. Perciò non abbatterti se ai primi tentativi non ci riesci. Continua a impegnarti e presto diventerai bravo a comprendere e mostrare i segnali non verbali.

Per far pratica, ritagliati del tempo ed esercitati in piedi o seduto davanti a uno specchio. Gradualmente, sarai in grado di correggere gli errori e sviluppare un ottimo linguaggio del corpo, che ti aiuterà a migliorare sul lavoro e nelle relazioni.

Grazie ancora per aver scaricato questo libro!